小柏拉图
载入史册的哲学家

克尔凯郭尔与美人鱼

〔丹麦〕莉琳·法登-巴宾　雅克布·拉赫曼斯基　著

〔法〕露西亚·卡尔法皮耶特　绘

胡庆余　译

人民文学出版社
PEOPLE'S LITERATURE PUBLISHING HOUSE

著作权合同登记号 图字 01-2020-2291

图书在版编目（CIP）数据

　　克尔凯郭尔与美人鱼 / (丹) 莉琳·法登-巴宾,
(丹) 雅克布·拉赫曼斯基著 ; (法) 露西亚·卡尔法皮
耶特绘 ; 胡庆余译. -- 北京：人民文学出版社, 2022
　（小柏拉图）
　　ISBN 978-7-02-016676-3

　　Ⅰ.①克… Ⅱ.①莉… ②雅… ③露… ④胡… Ⅲ.
①克尔凯郭尔(Kierkegaard, Soeren 1813-1855)—哲学思
想—少儿读物 Ⅳ. ①B534-49

　　中国版本图书馆CIP数据核字(2020)第197679号

责任编辑　卜艳冰 汤　淼
装帧设计　李　佳

出版发行　人民文学出版社
社　　址　北京市朝内大街 166 号
邮政编码　100705

印　　刷　凸版艺彩(东莞)印刷有限公司
经　　销　全国新华书店等

字　　数　30千字
开　　本　720毫米×1000毫米　1/16
印　　张　4.125
版　　次　2022年1月北京第1版
印　　次　2022年1月第1次印刷

书　　号　978-7-02-016676-3
定　　价　42.00 元

如有印装质量问题, 请与本社图书销售中心调换。电话:010-65233595

让小·柏拉图结识大柏拉图

——《小柏拉图》丛书总序

周国平

　　我喜欢这套丛书的名称——《小柏拉图》。柏拉图是西方哲学的奠基者，他的名字已成为哲学家的象征。小柏拉图就是小哲学家。

　　谁是小柏拉图?我的回答是：每一个孩子。老柏拉图说：哲学开始于惊疑。当一个人对世界感到惊奇，对人生感到疑惑，哲学的沉思就在他身上开始了。这个开始的时间，基本上是在童年。那是理性觉醒的时期，好奇心最强烈，心智最敏锐，每一个孩子头脑里都有无数个为什么，都会对世界和人生发出种种哲学性质的追问。

　　可是，小柏拉图们是孤独的，他们的追问往往无人理睬，被周围的大人们视为无用的问题。其实那些大人也曾经是小柏拉图，有过相同的遭遇。一代代小柏拉图就这样昙花一现了，长大了不再想无用的哲学问题，只想有用的实际问题。

　　好在有幸运的例外，包括一切优秀的科学家、艺术家、思想家等等，而处于核心的便是历史上的大哲学家。他们身上的小柏拉图足够强大，茁壮生长，终成正果。王尔德说："我们都生活在阴沟里，但我们中有些人仰望星空。"这些大哲学家就是为人类仰望星空的人，他们的存在提升了人类生存的格调。

　　对于今天的小柏拉图们来说，大柏拉图们的存在也是幸事。让他们和这些大柏拉图交朋友，他们会发现自己并不孤独，历史上最伟大的头脑都是他们的同伴。当然，他们将来未必都成为大柏拉图，这不可能也不必要，但是若能在未来的人生中坚持仰望星空，他们就会活得有格调。

　　我相信，走进哲学殿堂的最佳途径是直接向大师学习，阅读经典原著。我还相信，孩子与大师都贴近事物的本质，他们的心是相通的。让孩子直接读原著诚然有困难，但是必能找到一种适合于孩子的方式，让小柏拉图们结识大柏拉图们。

这正是这套丛书试图做的事情。选择有代表性的大哲学家，采用图文并茂讲故事的方式，叙述每位哲学家的独特生平和思想。这些哲学家都足够伟大，在人类思想史上产生了巨大而深远的影响，同时也都相当有趣，各有其鲜明的个性。为了让读者对他们的思想有一个瞬间的印象，我选择几句名言列在下面，作为序的结尾，它们未必是丛书作者叙述的重点，但无不闪耀着智慧的光芒。

苏格拉底：未经思考的人生不值得一过。

第欧根尼：不要挡住我的阳光。

伊壁鸠鲁：幸福就是身体的无痛苦和灵魂的无烦恼。

笛卡儿：我思故我在。

莱布尼茨：世界上没有两片完全相同的树叶。

康德：最令人敬畏的是头上的星空和心中的道德律。

卢梭：出自造物主之手的东西都是好的，一到了人的手里就全变坏了。

马克思：真正的自由王国存在于物质生产领域的彼岸，这就是人的解放。

爱因斯坦：因为知识自身的价值而尊重知识是欧洲的伟大传统。

海德格尔：在千篇一律的技术化的世界文明时代中，人类是否并且如何还能拥有家园？

汉娜·阿伦特：恶是不曾思考过的东西。

赫拉克利特：人不能两次走进同一条河。

维特根斯坦：凡是可以说的东西都可以说得清楚；对于不能谈论的东西必须保持沉默。

献给玛丽塔·法登和弗兰克·巴宾

在海洋的最深处，在一座被海藻和珊瑚隐藏在人类视线以外的宫殿里，住着一位年轻的公主，就像这个物种的其他所有同类一样，她有一条鱼尾巴。她拥有一头长到可以遮住身体的秀发，她的眼睛闪耀着波浪般的颜色，她用调皮而坚定的目光，注视着眼前这个一直在运动的世界。

她的母亲，海洋女王，常常说："她知道她想要什么！"事实上，美人鱼经常把这句话挂在嘴上，并且到处和别人说，以至于整个王国的人都知道她从小就想要什么：结婚！

她梦想着举办一场奢华的、长达几个星期的宴会，她梦想着这个宴会是那样与众不同，甚至在很长时间之后人们还在津津乐道。所有的海洋居民都将被邀请，而那些遥远的身着传奇色彩的鱼将在海洋中无限盘旋，为这对新婚夫妇带来前所未有的婚礼芭蕾表演。

　　一天早晨，当整个王国还在沉睡的时候，一个影子悄无声息地穿过了海洋宫殿的走廊。它从被搅动的水中轻轻划过，朝年轻的美人鱼休息的房间游去。

　　这是一条小鼠鲨，它的背部是银色的，肚子是白色的，它在海水中玩耍，与五颜六色的海葵墙融为一体。它游过的地方，大海藻也随之摇摆起来。随着最后一摆鳍，鼠鲨悄然无息地溜进了幽暗的光线里，到了公主的床上。

　　但它惊讶地发现那层蓝色的海藻上只有一堆贝壳！

　　公主不在那里了。

　　房间里传来一阵银铃般的笑声："这一次，我跟你耍了一个好把戏！"

　　当发光的水母从它们的藏身之处出来，发出柔和的光线时，鼠鲨开始摆动它的尾巴，盘旋着上升，向年轻的美人鱼——她的主人飞奔而去。

　　公主说："今天我没有时间理你。我得做好准备！今晚我要去见我的未婚夫！"

　　事实上，海洋之王和他的王后为了帮女儿实现自己的梦想，特意为她举办了一场舞会，他们邀请了王国里那些最著名的海神。

当客人进入海洋宫殿时，他们无不惊叹于宫殿内华丽的装饰：地板上铺着螺壳与海贝壳，镶嵌着整个王国最美丽的珍珠；墙上装饰着珍贵的珊瑚和稀有的贝壳，还悬挂着闪闪发光的镜子。大厅里回荡着令人陶醉的旋律，当大家再靠近一点时，就可以看到美人鱼正在大贝壳里一边弹奏竖琴，一边唱着歌。在大厅的尽头坐着国王夫妇，他们周围都是王公贵族以及海神的代表。他们急切地等待着节目开始。

　　最后，公主出现了。大家都安静了下来。惊人的
一幕出现了：洞穴中的海水变得越来越清澈，水中一
个气泡都没有。客人们被牢牢吸引住了，大家都屏住
了呼吸。然后，波浪褪去了它们那水晶般的外表，人
群中传来一阵小声的惊叹，在拱顶下久久回荡。

美人鱼朝大厅中游去。第一个求婚者邀请她跳舞。尽管美人鱼灵活地在这位骑士的臂弯里旋转着，但是她还是很失望。她觉得这位骑士太矮小了，他离自己想象中的未来丈夫的形象还差得远。

　　当音乐声停下来的时候，第二位海神也来邀请她跳舞。对她来说，这位海神太瘦弱了，还总是逆流而上，是一个糟糕的舞者。

　　美人鱼和每一位求婚者都跳了舞，一个接一个，她都没有感到很满意，直到只剩下了最后一个。

　　最后一个海神往前走来。他是所有当中最漂亮的那个。

　　他带着美人鱼跳起了华尔兹，她觉得自己被他的优雅迷住了。当她在一个装饰在洞穴上的巨大的镜子里看到自己的倒影时，她忍不住笑了：她看见了她一直梦想成为的那条美人鱼。她确信，她终于找到了那个理想中的海神，那个她想嫁的人。美人鱼从来没有像那天晚上那样快乐。

第二天，在睁开眼睛之前，美人鱼感觉某些东西已经不在原有的位置上了。她感到了一种痛苦的不安，就像在暴风雨的日子里，她顶着一股强大的不断把她推开的水流，奋力向上游，她游得筋疲力尽，却始终没能靠近她的目标。她睁开眼睛，然后又闭上了，试图把痛苦赶走。

美人鱼直挺挺地躺在海藻床上，呜咽起来。

她的鼠鲨很了解她，用鼻子蹭了蹭她的肩膀来安慰她。它亲爱的女主人似乎迷路了：

"这种焦虑是什么？为什么在我应该成为世界上最幸福的美人鱼的那一刻，它突然出现了？"

她陷入了沉思：

"那是我的海神吗？但他是所有海神当中最英俊的！"

整整几秒钟，美人鱼都在回想着和她的未婚夫跳舞的场景。任凭舞会的回忆涌上心头，她突然意识到自己在这种事上几乎没做什么准备，是她的父母选择了地点和要邀请的求婚者。美人鱼还记得，当她确定了自己未来丈夫的人选时，她的父亲和母亲为她鼓起掌来。突然，她开始怀疑：

"在内心深处，是我自己选择了我的未婚夫吗？"

公主离开了她的房间，内心波涛汹涌，苦不堪言，身后跟着她的鼠鲨。她有一种可怕的直觉，她所有的选择都是由别人决定的。"但是我想主宰自己的生活！"她怒气冲冲地说，一边加快速度向前冲去。

美人鱼从会客厅前经过，每天清晨她的父母都会在那里接待船员。一阵头脑发热，她溜了进去。

　　巨大的大厅里空无一人。前一天晚上的舞会结束后，大家都还没起床。只有国王和王后在低声交谈。走近之后，美人鱼明白了他们在说什么。问候完父母之后，美人鱼才大起胆子问道：

　　"父亲，母亲……为什么……为什么我要结婚？"

　　她的父母盯着她看了一会儿，惊呆了。

　　他们异口同声答道：

　　"因为结婚是必须的！"

　　她的母亲微笑地看着她，但是美人鱼太痛苦了以至于都没看见：现在她觉得一切都毫无意义。

　　"是必须的吗？那么，相信我能够真正地自己去做决定，是一种幻想吗？"她问道。

　　女王试图安慰她。国王转身面向鼠鲨，希望它能帮助自己弄明白女儿的情绪。而差点消失了的鼠鲨正在和大菱鲆在大厅的另外一头比赛，完全没理会当时的情况。

　　公主面色苍白。她的声音因愤怒而颤抖起来：

　　"无论我做什么，结婚与否，我都会后悔，因为这不是我自己的选择！无论发生什么，我都无法做出任何决定！"

在那一天，美人鱼宣布她要解除婚约。她惹怒了自己的父母，伤害了海神，让海员不高兴，但她仍然没有回心转意。

她绝望了。没有人能理解她，她感觉自己很想逃离那种让她不开心的生活。一时心血来潮，她决定，即使还不知道要去哪里，她也一定要离开大海深处的这座宫殿。

她游啊游，游啊游，一直游到再也看不到她的王国的地方。美人鱼从来没有离家这么远。她能想象到她的父母和她的鼠鲨有多么担忧。她多么希望一切都像以前一样，那时她还不知道什么是绝望！

　　环顾四周，她迷路了。在她的正上方，强烈的光线让浮游生物漂浮在海浪上。凭借敏捷的尾巴，美人鱼轻巧地躲过了沉船后留下的漂流物。她躲在黑暗的船体后面，心怦怦直跳。四周的大海一片平静，鱼儿们毫无畏惧地追逐着圆圆的大眼渔网。意识到没有危险之后，美人鱼往一片强烈光线的方向游去，她发现自己已经置身在了哥本哈根码头的脚下。

到达水面时，她发出了一声尖叫，她既惊讶，又感到惊恐和炫目。

真是美好的一天，晴空万里。美人鱼周围，阳光和海浪在嬉戏。

她眯着眼睛，看到了码头上一片热闹的景象。男人们背着大帆布袋在船只上卸货。渔船上的鱼贩向家庭主妇们高声叫卖着当天捕获的鱼。

而家庭主妇们系着白色围裙，手挎着提篮，停在鱼摊前左看看右看看，要么在买鱼要么在与鱼贩讨价还价。

从长长的船只上散发出来的香料和咖啡的气味是美人鱼闻到的第一种气味。

这位公主完全忘记了自己的绝望。

她从未见过这么多迷人的人和物。这个世界充满了那么多奇迹，可是为什么她却总是生活在海洋深处呢？

　　现在美人鱼观察着行人。她尤其注意那些从她身边走过的女人，她们穿着的长袍在经过时沙沙作响。她们多漂亮啊，多么轻盈！多么美丽的港口！

　　依靠双腿行走，身体直接伸向天空！

　　"唉！我也真想成为一个真正的女人！"

　　但是当她一看到自己的身体又感到羞愧不已：她身上一件衣服也没穿，更糟糕的是，还拖着一条鱼尾巴！她注意到在码头附近有一块废弃的帆布，她将自己包裹在里面，然后在运河边坐了下来。

　　这样将自己装饰起来后，美人鱼开始感受到路人对她投来好奇的目光。尽管裹在身上的衣服很破烂、寒酸，但是男人们都欣赏地看着她，并且殷勤地向她打招呼，而女人们则对她金色的头发投来嫉妒的目光。

　　美人鱼对自己成为令这么多人美慕嫉妒的对象感到很满意，她享受着哥本哈根居民对自己的强烈兴趣。然而，一段时间之后，她的快乐就消失了，取而代之的是一种轻微的倦怠。

于是她决定到运河的对岸去，希望能找到新的消遣。

在那里，她发现了其他的路人也是一样喜欢盯着她看。她闻到了新的香水的气味，她觉得气氛似乎略有不同。但在她看来，没有什么比她从海里出来的那个时刻更奇妙了。

现在她又感到绝望了。她低下了头，在运河的水面上看到了自己的倒影。她意识到，即使隐藏起自己的鱼尾，她也永远不能像那些漂亮的女人那样在码头走来走去。

　　美人鱼感到喉咙一阵发紧。她的视野模糊了，为了能继续看清自己在水中的影子，她不得不眯着眼睛。就在那一刻，一个散步的行人的身影出现在她身边并停留了下来。

美人鱼抬起头，发现对面站着一个年轻的男人，他正对着自己微笑，并向自己打招呼——

　　"您有什么东西掉水里了吗?"

　　他问道。

　　"不，我在这里看倒影。"美人鱼回答。

　　"您看到了什么?"这位行人很感兴趣地问道。

　　"我看到了一个半女人半鱼的生物。而现在，有一个完整的人站在我身边。"

"一个完整的人?"跟她对话的人犹豫了一下,"是的,我无论如何都要努力成为一个完整的人!"

　　"您在努力成为?"美人鱼惊讶地问,"您不是天生就是吗?"

　　行人严肃地笑了笑,回答:

　　"是的,我生来就是人。但我们不是生来就是完整的人,而是成为完整的人,是选择成为完整的人!"

美人鱼不明白如何可以选择成为一个完整的人。在她还没来得及提问之前，对方又开口了："为什么您对您的倒影这么感兴趣? 您身上有什么新东西吗?"

"是的。我看起来很绝望！但通常情况下我并不是这样！昨天，我还是世界上最美丽、最幸福的美人鱼。"公主伤心地说。

　　男人抚摸着下巴，若有所思，然后他决定跟美人鱼自我介绍一下：

　　"我叫索伦·克尔凯郭尔，如果您不介意的话，我想说您今天看起来可能没有什么不同……也许是您对自己的看法正在改变？也许您发现的这种绝望，一直都在那里？"

　　美人鱼皱着眉头，但没有回答。

"就是因为这个痛苦所以你才出现在了这里，是吗？"克尔凯郭尔继续说道。

"是的，"美人鱼红着脸承认，"我觉得我的绝望与我在海底王国的生活有关。所以，当我发现你们的世界的时候，有好几个小时，我想我终于找到了一个可以让我快乐的地方。直到今天，我从来都没有感觉到过阳光轻抚我的皮肤。我在这里发现了香水，它让我想起了遥远的世界，还有女人们佩戴的奇妙的装饰……"

　　"好吧！您失去这些甜蜜的感觉了吗?"克尔凯郭尔问道。

　　"没有，但这并不是一个真正的治疗方法:现在我的绝望又完全回来了。我觉得，在内心深处，我看起来并不像别人看到的那个公主。我害怕我不存在。我甚至不知道我是否想结婚！这座城市的这些漂亮的裙子和香水有什么意义呢?"美人鱼抱怨道。

克尔凯郭尔给她投去微笑，就好像这是最好的回答。美人鱼愣愣地看着他。

"这太棒了，"克尔凯郭尔说，"这真的是一件好事!"

美人鱼惊愕地说：

"我如同在6英寻的(1英寻约合1.83米)淤泥下面，而你看起来竟那么开心!"

"您意识到了您的绝望，"克尔凯郭尔继续说，"所以，您比许多人更有可能成为一个完整的人!"

公主听了很吃惊。

"为了战胜您的绝望，你不要再去试图成为另一个人，你必须去选择真实的自己。"

"但我可能不想做我自己，"美人鱼低声说道，"我再也不想绝望，再也不要继续做一个不知道自己想要什么的公主。"

TIPS　非此即彼

　　《非此即彼》是克尔凯郭尔的重要著作，书中包含了两个持不同人生观者的人之间的通信，即"审美的"和"伦理的"。前者主张人生应当及时行乐，避免承担责任和义务；而作为答复，后者认为前者只是在逃避选择，一个人只有通过具体的选择，才能完成道德式的生活。可问题在于，个体并不知道如何选择，以及怎样选择才是正确的，这样的状态让人感到焦虑。就如克尔凯郭尔在书中说："结婚，你会后悔；不结婚，你也会后悔。"

克尔凯郭尔继续说：

"您不能选择成为另一个不是你自己的人，但您可以自由选择您想要的生活方式！当您选择完全成为自己时，您就不再会感到绝望。"

克尔凯郭尔向地平线伸出手臂，继续说：

"在您选择成为您的时候，您将会成为那个直到目前为止您都不敢成为的人。一个完整的美人鱼。自由的！如果您真的想结婚，您才会结婚。您既不会因为应该要结婚才结婚，也不会因为您的父母一致替您做好决定才结婚。所以对于您的每一个选择，都是只有您自己才能做出决定！"

克尔凯郭尔摘下帽子向她告别。然后他转过身来，融入了码头上的人群里。美人鱼目送着他的离去，直到他消失。

很长一段时间，她一动不动，思索着这个奇怪的谈话。她的目光落在她旁边的那块帆布上。她把它扔进了运河里，并坚决地喊道：

"我再也不想把我的鱼尾藏起来了。从今天开始，我要选择真正的我！"

TIPS 致死的疾病

《致死的疾病》是克尔凯郭尔最重要的作品之一，书中所说的"致死的疾病"指绝望，指不接受自己不想要的自我或固执于现状的自我、最终"失去自我"。这本书系统地讨论了自我、实现自我和绝望、信仰之间的关系，不仅对唤醒人的自我意识，启发人认识自我、成为自我有着重要意义，也对后世的存在主义思想有着深远影响。

所以，自从舞会之后，美人鱼第一次有了想要再见一见被她抛弃的那个海神的愿望。她想学着去了解他。她飞快地甩了甩尾巴，跳进水里，开始向海的王国游去，她想见到他。

在他们重逢后的几天里，美人鱼注意到她的未婚夫不仅漂亮，而且风趣、细心。她也意识到他有一些缺点：他话不多，而且害怕海鳝。最重要的是，她最喜欢的游戏——鱼-骗子——他却玩得非常糟糕，而且表现得非常输不起！美人鱼很清楚他达不到自己理想中的那个高度。然而，她对他的爱却不断加深。她决定就选择这个海神，并向所有人宣布要嫁给他。这个消息使他非常高兴，也让国王和王后都松了一口气。海洋王国的人民都鼓掌欢呼起来。

两个新人决定远离这座水下城市里闪闪发光的宫殿，远离众人的目光，去另一个地方结婚。他们选择到一个祖先熟知的巨大的被海浪雕琢的岩礁。

　　这是一个神奇的地方，水流在这里汇合，并在岩石上凿出了巨大的洞穴，里面有光滑的拱门。石头上覆盖着白色的珊瑚，银色的小鱼穿行其中。

　　仪式结束后，这对新婚夫妇在激流中尽情享受着随着水流起舞的乐趣。美人鱼觉得他们已经融为了一体，巨大的喜悦涌上她的心头。他们就这样和谐地嬉戏着，一直玩到晚上。

　　美人鱼从来没有这么高兴过。即使她的日常生活不只是游戏和惊叹，她也不想减少自己和海神在一起的任何时间。她想和他分享一切，与他同甘共苦。

　　她现在正以一种新的方式看待事物。对她来说，走路的时候引起别人的注意不再重要，和别人谈话的时候也不必力争上风，因为她心里很平静。

　　她的父母不停地称赞这种变化，她自己也为此感到很自豪。在她看来，她的转变只归功于她自己。

一天早晨，年轻的妻子经过一面镜子时，发现自己的肚子已经变圆了。一开始她很好奇，后来她意识到自己怀孕了！

　　公主倒在沙滩上。一直在自己身边的鼠鲨，笨拙地模仿她，它以为这是一场游戏。但是公主可没有玩游戏，她期待能感到快乐，但她只感到了绝望的黑暗。她坐了起来，感到头晕目眩，不得不靠在礁石上。

　　自从结婚以来，她已经在自己身上找到了答案，但在那一刻，她意识到自己不能独自解决所有的问题。她自己的力量还不够。

当她的海神知道自己要当爸爸的时候，高兴极了。他高兴地转了三个圈，吻了吻鼠鲨，却没有意识到鼠鲨并没有他这种热情。当美人鱼向他倾诉自己的痛苦时，他尽力安慰她，但她觉得自己没有被完全理解。她叹了口气，抽泣着：为什么她没有办法让自己快乐起来呢？

在宫殿的大厅里，她的父母试图安慰他们的公主。

"当一切都很简单的时候，你为什么总是掀起风浪?"最后还是国王先问道。

"当你生命中最美好的时刻到来时，你怎么能绝望呢?"王后问。

他们的喊叫声在穹顶下面回响，就像责备一样。美人鱼低着头。

"你必须让自己冷静下来，必须相信自己!"她的妈妈说。父亲也表示赞同。

"但这正是我再也做不到的!"美人鱼嘟哝道。

在接下来的日子里，美人鱼感到前所未有的忧愁。她再也受不了海神和父母的陪伴。她的鼠鲨甚至学会了把她朝它扔去的鱼刺带回来，但是就算这样也无法在她脸上看到一丝微笑。她的家人越是劝告她忘记自己的不适，她就越觉得有必要离开。一天早晨，她再也受不了了，她从海底宫殿逃了出来，游向哥本哈根。

当美人鱼到达码头时，天已经黑了。最后几个点路灯的人迈着沉重的步伐离开了那里。一个人也没有了，我们只能听到手风琴的琴声和海浪拍打船身的声音。不久，音乐也停止了。

美人鱼感到夜间的码头是不一样的。在她看来，那些投射在房屋墙壁上的影子还是活着的，小船发出奇怪的吱吱声。突然，美人鱼吓得打起了哆嗦：一个水手拿着一瓶酒，开始朝她的方向大喊。她吓坏了，于是跳到了水里，在哥本哈根的运河里徘徊了很长时间。

当黎明终于来临，美人鱼被鱼贩们的叫卖声吵醒，他们在倒空鲱鱼桶。

码头上挤满了商人、家庭主妇和行人。

过了一会儿，美人鱼很高兴地听到了一个熟悉的声音。她从码头边上抬起头来，看见克尔凯郭尔正在和一个老商人谈话。美人鱼立刻沿着运河坐在矮墙上，然后试图引起朋友的注意。克尔凯郭尔终于看见了她，很快地走到她身边，问她近况如何。

"太可怕了！"美人鱼回答，"我知道我怀孕了，我想我应该高兴。但事实上，我感觉世界正在分崩离析。我的绝望又回来了！我甚至不知道为什么！"她擦着眼泪哀叹道。

克尔凯郭尔坐在她旁边，把手帕递给了她，美人鱼突然把手帕推开，她的悲伤俨然变成了愤怒：

"这是您的错！您告诉我，如果我做回我自己，我的绝望就会消失！我听从了您的建议，结果我现在变成了这样！"她一边指着自己的肚子一边喊道，"您骗了我：我仍然很绝望，现在我要生孩子了!"

克尔凯郭尔看着她哭了一会儿，然后叹了口气。
泪眼婆娑中，美人鱼注意到他额头上深深的皱纹。

克尔凯郭尔痛苦地低声说道:"我第一次见到你的时候就告诉了你真相:我们之所以绝望是因为我们还没有真正做回自己……"

"我们绝望?"美人鱼惊讶地重复着。

"我的朋友,要是您知道我是真的理解您就好了!我也是,我也还没有真正成为一个完整的人,透过您这么美丽的表情,我可以看到隐藏在您内心深处的绝望,我很了解……"

克尔凯郭尔没有再往前走了,他的目光迷失在身后的海浪中。

"怎么办?"美人鱼小声说道。

沉默了许久之后，克尔凯郭尔接着说：

"在某种程度上，这不仅仅取决于我们。要成为我们自己，我们必须非常清楚我们应该成为谁。所以需要其他人给我们一个正确的标准来衡量我们是谁。"

"但是谁可以呢？"美人鱼问。她想起她的海神和她的父母都无法帮助她走出绝望。

"那个创造我们的人，"克尔凯郭尔回答，"那个想要您成为真我的人，那个我真正成为的人。绝望提醒我们，如果没有上帝作为衡量标准，那么我们就不能成为我们自己。"

"您的意思是必须相信上帝才能真正成为您自己？"

克尔凯郭尔长长地叹了一口气，一口气承认：

"假如我胆敢的话！"

美人鱼愣住了。克尔凯郭尔害怕什么呢？

"可是为什么这么难呢?"她问,"如果上帝是那个我们可以依靠他来结束绝望的存在,那么相信他并不是一件愚蠢的事情。"

克尔凯郭尔悲伤地对她笑了笑。

"客观地说,没有任何东西能证明上帝的存在,"他继续说,"我既没办法用我的感官去遇见他,也不能用我的理性去认识他,所以我不确定他是否存在。为了把自己交给他,我需要非凡的勇气……"他指着远处的大海说,"这就像我决定往这7万英寻深的水里跳下去一样。我只能拒绝这样的跳跃,我的理智告诉我,我永远无法独自到达岸边,没有什么能证明上帝会来帮助我。"

他走近运河。他的脚从河边伸出来,伸在空中。克尔凯郭尔张开双臂,好像要跳起来。但他什么也没做。

他垂下双臂,重重地坐在美人鱼旁。她沉思了一会儿,然后把头靠在他的肩上。在大热天里,他们就这样待着。

海鸥的一声尖叫吵醒了美人鱼。这时太阳正处于天顶。她直起身子，扫视了一下在自己睡着之前克尔凯郭尔坐着的地方。他不在那里了。只有运河的水在她身下发出潺潺的声音。

惊讶之后，美人鱼在岸堤上等着。但没有人来。下午就这样过去了，钟声响起时，美人鱼站了起来。她深吸一口气，闭上眼睛，一头扎进了水里。她品味着那美妙的清爽气息，这让她感觉自己的绝望也被洗刷走了，她感觉自己获得了新生。

TIPS 信仰的飞跃

　　克尔凯郭尔将人的存在描述成三种不同层次："感性""理性"和"宗教性"（或称"审美""伦理""宗教"）。人在不同存在层次有不同的绝望，在面对不可能和未知的时候，需要实现从理性到信仰的"飞跃"来拯救被理性支配的人，进入宗教领域，使人的内心摆脱痛苦，得到安宁。虽然他强调信仰的超越性，但并不是完全否认和放弃理性，理性在某种程度上为信仰的飞跃做了铺垫和准备工作。

美人鱼在运河里嬉戏，她感到很轻灵，很自由。在那一刻，她第一次感觉到自己的宝宝在肚子里动。

　　　她开心地笑着，想象着克尔凯郭尔从上帝的手间落了下来，飞过大海。

　　她满怀信心地任凭自己被海水带到了海底。当快到她的王国时，她惊奇地发现波浪是透明的，还有被水流带走的小沙盘。她看见海神们正在用大石头盖房子。

　　美人鱼们则把海贝壳盖在屋顶上。他们旁边，鼠鲨正在海藻中玩捉迷藏游戏。

当她的海神来迎接她时，他欣喜若狂。她握住他的手，放在自己的肚子上，感觉到一种巨大的爱蔓延到全身。这种爱超越了她的丈夫和她的孩子，一直蔓延到了其他海神和人鱼身上，以及到了她以前从未注意过的所有生物上。就是在这一刻，美人鱼有一种完整的感觉，一种完全存在的感觉。

在哥本哈根的码头上，生活就像什么都没有发生过一样继续着。

TIPS　存在主义之父

　　克尔凯郭尔被认为是使欧洲哲学发展发生近现代转型的重要人物之一。他所实现的转型是以孤独的、非理性的个人存在作为哲学研究的主要内容。克尔郭凯尔明确地把自己的哲学与传统哲学对立起来，特别是把以对黑格尔为代表的理性主义的批判当作自己哲学的根本方向。他的理论成为存在主义理论的重要来源。